財務省
ザイムちゃん

ガイムっち

外務省

文部科学省

モンカ先生

JN191812

コクどん

国土交通省

ボーエざえもん

防衛省

環境省

カンきょん

いちばんわかる！日本の省庁ナビ 3
法務省・外務省

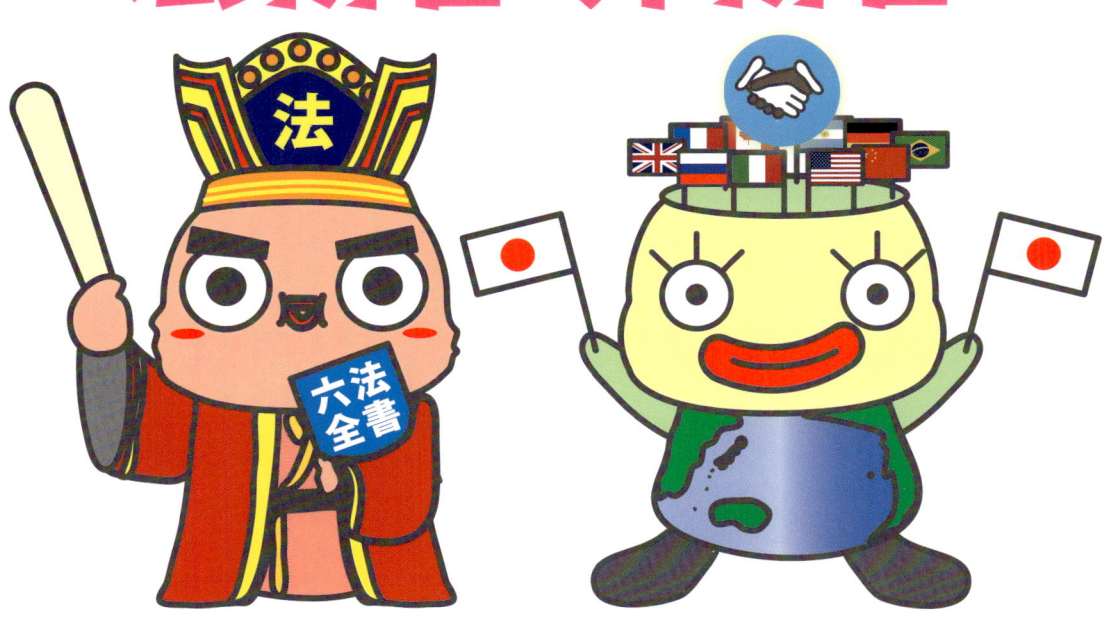

監修：**出雲明子**

ポプラ社

省庁って、なんだろう？

内閣

安全保障会議　人事院　内閣法制局

防衛省

環境省

国土交通省

経済産業省

農林水産省

厚生労働省

文部科学省

防衛装備庁

原子力規制委員会

観光庁
気象庁
運輸安全委員会
海上保安庁

資源エネルギー庁
特許庁
中小企業庁

林野庁
水産庁

中央労働委員会

スポーツ庁
文化庁

※復興庁は、東日本大震災から10年をむかえる2021年までに廃止されることになっている。

みなさんはニュースなどで、「財務省」や「消費者庁」のような、「省」や「庁」がつく機関の名前を聞いたことはありませんか？　これらの「省庁」は、わたしたち国民が安心してゆたかなくらしを送れるように、さまざまな仕事をおこなっている国の役所です。

日本には、それぞれ役割がことなる内閣府と11の省のほか、さまざまな庁や委員会があります。この「いちばんわかる！日本の省庁ナビ」シリーズでは、各省庁の仕事をわかりやすく解説します。

内閣官房

復興庁※

財務省

外務省

法務省

総務省

内閣府

色がちがうところが、この本で紹介する省庁だよ！

国税庁

公安調査庁
公安審査委員会

消防庁
公害等調整委員会

消費者庁
金融庁
個人情報保護委員会
国家公安委員会
公正取引委員会
宮内庁

いちばんわかる！日本の省庁ナビ 3

法務省・外務省

もくじ

わしは
ホームはかせじゃ！
よろしく！

はじめまして。
ぼくの名前は
ガイムっちだよ〜！

ホームはかせ（法務省）

少しがんこなところもあるが、
いつもみんなの幸せを考えている。
趣味：パトロール
苦手なもの：スイーツ
好きなことば：郷に入っては郷に
したがえ

ガイムっち（外務省）

食べたり、寝たりすることが大好き。
のんびり屋さんでおだやかな性格。
趣味：食べること
苦手なもの：運動
好きなことば：人類みな兄弟

この巻では、
この2人が
教えてくれるん
だね！

法務省と
外務省では、
どんな仕事をして
いるのかな？

第1章
法務省の仕事

法務省ってどんなところ？

法務省は、国のきまりの番人です

　わたしたちがくらす社会では、みんなが幸せに生活するためにいろいろなきまりがあります。学校のきまりは「校則」といい、それぞれの学校できめられています。それらのきまりのなかで、国が定めたきまりを「法律」といい、その国で生活するみんなが守ることになっています。

　その法律をきめるのは、国民の代表である国会議員が集まる「国会」です。たくさんの話しあいがおこなわれ、国民が幸せにくらすためのいろいろな法律がつくられます。

　では、そうしてできた法律をみんなに守ってもらうために、だれが国民にはたらきかけているのでしょうか。そのきまりを守らない人がいたら、国はどうするのでしょう？

　法務省は、法律にかかわる国の仕事を進める役所です。国民一人ひとりの必要な情報を管理して、国民の権利を守ったり、法律を守らなかった人を調べたりもしています。

　もしもとつぜん法務省がなくなったら、国中は大混乱です。あらそいがおこっても解決することができず、きまりを守らない人が町中にあふれてしまいます。力の強い人が自分勝手なこ

とをして、多くの人が苦しむことになります。

　そんなことにならないように、法務省は、国会議員がきめた法律をたいせつにし、一人ひとりの国民が幸せにくらせるように、法律を生かして、平和で平等な社会をつくるための仕事をしています。

　そんな法務省の仕事を、くわしく見ていきましょう。

国民の出席簿「戸籍」の管理

みなさんの通う学校には、クラス全員の名前がのっている出席簿がありますね。実は国にも、日本人全員の名前がのっている、出席簿のようなものがあります。

「戸籍」ってなんだろう？

新しく子どもが生まれると、役所に届けを出し、親や生年月日、氏名を名簿に書き入れてもらいます。この名簿が、「国民の出席簿」である「戸籍」です。戸籍は人が生まれてからずっと保管され、結婚したときには結婚相手の名前、子どもが生まれたときには子どもの名前も書き加えられます。死亡したときにも届けが出されるので、戸籍を見れば、出生から死亡までのその人の一生がわかるようになっています。

戸籍にもとづいて発行されるものに、パスポートがあります。パスポートは、国による身分証明書です。外国に行くとき、「これをもっている人は日本の国籍をもっています」「この人の入国をみとめてください」「この人を守ってあげてください」と、入国する国に証明やお願いをする書類です。国際的には、いちばん通用する身分証明書となります。では、ここで出てきた「国籍」とはなんなのでしょうか？

戸籍にかかわる届出

出生届
子どもが生まれたときに親などが届け出る。

婚姻届
結婚したときに届け出る。

離婚届
離婚したときに届け出る。

死亡届
亡くなったときに、親族などが届け出る。

「国籍」は日本人の"資格"

「国籍」とは、国が日本の国民としての権利をみとめ、日本人としての資格を証明したものです。

日本国籍は、生まれたときに自動的にあたえられます。その条件は、「生まれたときに父親か母親が日本国民」「生まれる前に死亡した父親が日本国民だった」「日本で生まれ、父親・母親がともに不明か国籍をもたない」のいずれかです。また、「帰化」といって、外国籍の人が願い出て、法務大臣に許可された場合に日本国籍を取得することができます。

日本国籍をもつ人は、政治に参加する権利がみとめられ、国会議員に立候補したり、国会議員をえらぶ選挙に投票できたりします。また、日本人として生きる権利を保障され、平等にあつかわれます。

戸籍や国籍の管理を、法務省がおこなっているんじゃよ。

法務省 ⚖ の仕事

全国の法務局

法務省は、全国を8つの地域に分けてそれぞれに法務局をおいています。その下に42の地方法務局をおき、そこで、戸籍や国籍などの事務をおこなっています。

法務局の窓口では、戸籍に関する相談や問い合わせも受けつけているんじゃ。

札幌法務局
大阪法務局
広島法務局
仙台法務局
東京法務局
名古屋法務局
福岡法務局
高松法務局

国への出入りを管理する

現在、多くの日本人が海外旅行を楽しんでいるいっぽう、日本に来る外国人もふえています。その際、空港や港では、どんな手続きがおこなわれているのでしょうか？

法務省の仕事

入国時に審査をする

外国から日本に入ってくる人は、いい人ばかりではありません。犯罪者がいたり、禁止された物を持ちこむ人もいたりするかもしれません。そういった人の入国をふせぐとともに、入国者の管理をするのも法務省の仕事です。

空港や港で出入国者の審査をおこなうのが、法務省の入国審査官です。入国者のパスポートを確認し、顔写真と本人を見くらべ、入国の目的などを聞きます。そして、入国審査に合格するとパスポートに入国スタンプがおされて、晴れて入国ができます。最近では、その人の顔や指紋をコンピューターで読みとり、本人かどうかを確認する方法もつかわれています。

出入国管理の対象者や対象になるもの

犯罪者

武器

食料・植物

麻薬

動物（ワシントン条約という、国際的な動物保護の条約できめられているもの）

ほかに、伝染病の病原体（感染者）や、戦争などで国を追われた難民も対象になっている。

入国できなかったら？

　日本に来る外国人のうち、短期（おもに90日以内）の滞在で、その間仕事をしない人は、特別な許可が必要ない場合が多くあります。しかし、90日をこえて滞在し、日本ではたらく場合などには、特別な許可が必要です。

　許可をもっていなかったり、外国で犯罪をおこして指名手配をされていたりする場合は、入国できません。そういった人をいったん空港や港にとどめおいて、その後、強制的に送り返したり、不法滞在者（許可された日数をこえて滞在した人）をとりしまったりする入国警備官も、法務省の職員です。

法務省は、現代の「関所の番人」の役割をしているんじゃよ。

法務省　の仕事

国を出るときの審査

　日本から外国へ行くときにも、出国の確認を受ける必要があります。入国審査官にパスポートを見せて、出国確認のスタンプをおしてもらわないと出国できません。出国確認をしないで日本を出国した場合、「密出国」となり、犯罪です。

　法務省では、これらの審査・確認をおこなうことで、日本に来た外国人の人数や外国に行った日本人の人数、現在、日本に滞在している外国人の人数などを、正確につかんでいます。

出入国者数の移りかわり

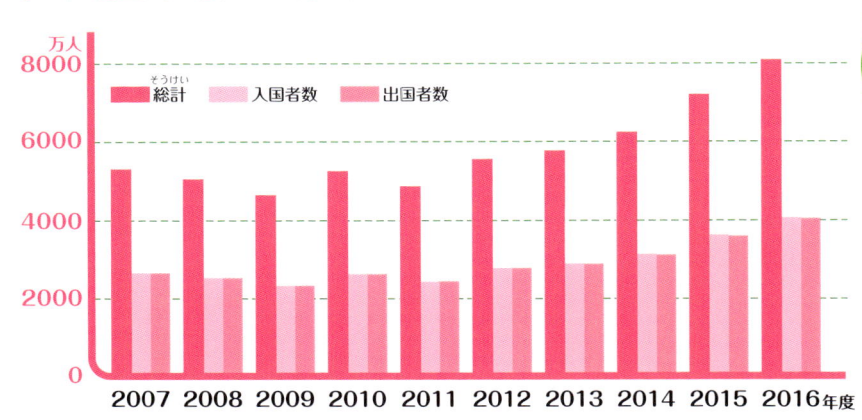

万人	総計	入国者数	出国者数

2007　2008　2009　2010　2011　2012　2013　2014　2015　2016年度

日本に出入りする人はふえているから、いっそう気をくばる必要があるんだね。

国が観光をさかんにもりたてていることもあって、日本に入国する外国人の数は年ねん増加している。

資料：法務省「出入国管理統計」

13

国民の「人権」を守る

だれにとっても大事なものであり、だれもが守られなければならないたいせつな権利が「人権」です。人権を守ることは、法務省の大事な役目です。

法務省 の仕事

人権はたいせつな権利

人権とは、「人間が人間らしく生きる権利」のことです。国民一人ひとりがそれぞれ自由に、平等に、幸福に生きるための権利で、生まれながらにみんなが持っているものです。かんたんに言うと、「命をたいせつにすること」「差別をせずにみんなと仲よくすること」が、人権を守ることにつながります。

法務省は全国に、人権擁護委員協議会という組織を設けています。それに参加するのは、一般の地域住民からえらばれたボランティアの人権擁護委員です。

人権擁護委員は全国に約1万4000人いて、地域の人びとの日常生活に接し、人権尊重の考え方を広めたり、人権がそこなわれることがないように見張ったりして、人権を守るためのさまざまな活動をしています。

人権擁護委員の活動の例

いじめなどの問題解決のためのメッセージを出す。

女性の人権を守るために、生活相談などを受けつける。

差別の解消に向けて、情報を広める小冊子を作成する。

全国中学生人権作文コンテストを実施する。

犯罪の被害者を守る

犯罪の被害にあい、その後長い期間にわたって苦しむ人が多くいます。そういった被害者のために、相談に乗ったり、生活を手助けしたりするとりくみがあります。その活動をするのが、「被害者支援員」です。

また、被害者自身がかかわった事件の裁判を優先的に傍聴したり、被害者が、事件の裁判中に自分の意見を述べたりする制度もあります。

裁判の終了後には、被害者や親族の人は、事件の処分や裁判の結果、犯人が刑務所からいつ出所するかなど、事件についてできるかぎりの情報を教わることができます。

犯罪の被害者を手助けする被害者支援員は、法務省の中の検察庁という特別の機関に所属しているんじゃ。

法務省の仕事

被害者を助けるさまざまな制度

上で紹介したこと以外にも、犯罪の被害にあった人を助ける制度はたくさんあります。被害者や親族に対して国からお金が出される制度が、その代表的なものです。

また、法務省が直接支援するだけでなく、警察、地方自治体、民間の団体などを紹介するとりくみもしています。さらに法律に関する情報やサービスを提供する「法テラス」では、相談の窓口を紹介したり、被害者が警察などの公的機関に申請する手続きを助けたりしています。経済的に余裕がない人は、実際に弁護士（法律の専門家）に、無料で相談することもできます。

「法テラス」のマーク。国民が法律の相談をどこでも気軽にできるように、2006年にはじまったもので、全国におかれている。

各地に法テラスの事務所があり、訪問や電話での相談を受けつけているんじゃ。

犯罪の捜査や裁判の仕事　検察庁

犯罪のうたがいがある人を逮捕するのは警察の仕事ですが、事故ではなく事件性があると警察に判断されると、その仕事をひきつぐのが「検察庁」です。

法務省の仕事

★ 裁判するかどうかをきめる

　検察庁は、法務省におかれている特別の機関です。そこではたらいているのが、検察官です。

　検察官は、警察から送られてきた、犯罪のうたがいがある人（被疑者）をもう一度調べ、裁判をするべきか、するべきではないかを考えます。裁判をするべきだと判断すると被疑者は起訴（→17ページ）され、裁判所で裁判がはじまります。

　検察庁は、全国の裁判所に対応して設置されています。東京都にある最高裁判所に対応して、最高検察庁があります。そして、8つの高等裁判所に対応して高等検察庁が、地方裁判所に地方検察庁が、簡易裁判所に区検察庁があります。それぞれの裁判所での裁判に関する仕事を、それぞれの検察庁がおこなっています。

一般の人からのうったえなどによって、独自に事件を捜査することもあるんじゃ。

裁判の流れの例 　■ が検察庁の仕事

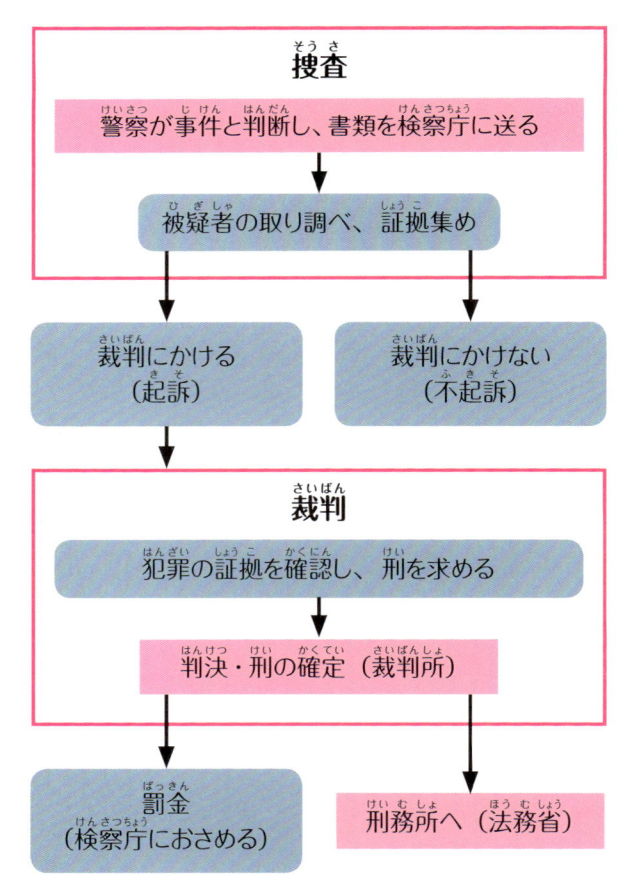

捜査

警察が事件と判断し、書類を検察庁に送る

↓

被疑者の取り調べ、証拠集め

↓

裁判にかける（起訴）　　裁判にかけない（不起訴）

↓

裁判

犯罪の証拠を確認し、刑を求める

↓

判決・刑の確定（裁判所）

↓

罰金（検察庁におさめる）　　刑務所へ（法務省）

裁判の流れの一例をかんたんにしめしたもので、実際にはさまざまなルートがある。

検察官の重い責任

　検察官は、うたがわれている人がほんとうに犯人かどうかをたしかめて、裁判にかけるかをきめます。裁判にかけることを「起訴」といい、起訴がなければ裁判もはじまりません。

　通常、日本では被疑者を起訴できるのは検察官だけです。人の一生を左右するたいせつな判断をする仕事なので、検察官の責任はたいへん重いものです。

　そのため、検察官になるには、司法試験（→24ページ）というむずかしい試験に合格し、さらにしばらくのあいだ、司法研修所で勉強する必要があります。

被疑者を取り調べる検察官（右）。

裁判に参加する

　裁判がはじまると、検察官は国側の代表として裁判に出席します。検察官は、起訴された人（被告人）の罪の内容や、その人がどのような刑罰を受けるべきかを報告します。一方被告人には「弁護士」という人がつきます。弁護士は、被告人の権利を守るために、さまざまな手助けをします。

　裁判所で、被告人に罪があるのかどうかを、法律にもとづいて判断するのが裁判官です。裁判官は検察官の報告をよく聞き、証拠を調べます。さらに被告人や弁護士の話もよく聞いて、被告人に罪があるのかどうかや、罪の重さ（刑）をきめます。

法務省の仕事

裁判を通して罪をおかした人を追及することで、安心してくらせる社会をめざしているんじゃ。

犯罪者の更生にとりくむ

「更正」とは、「改めて正しくする、まちがいを直す」という意味のことばです。では、「犯罪者の更生」とは、いったいどういうことなのでしょうか。

法務省 の仕事

 刑務所は生まれかわるところ

裁判を受けて刑罰が確定した人（受刑者）が入る場所が刑務所です。刑務所も、法務省の施設の一つです。

日本の刑務所は、悪いことをした罰として入るだけのところではありません。裁判できめられた刑の期間を終えて出所したあと、ふたたび社会の中で生活していけるように"生まれかわる"ための施設です。

刑務所の目的は、自由をうばったり、きびしい労働をおこなわせたりすることではないんじゃよ。

未成年のための更生施設

犯罪をおかした人が20歳未満の少年の場合、おとなが入る刑務所とは別に少年を対象とする施設があります。

その一つが少年院です。家庭裁判所は、犯罪をおかした少年の性格や行動を正すように指導することが必要と判断した場合、その少年を少年院に行かせます。

もう一つが少年鑑別所で、家庭裁判所が処分を決定する前に、少年の心やからだの状態を調査する施設です。調査・分析は科学的な方法でおこなわれ、非行の原因や、今後の更正になにが必要かを判断しています。

更生のためのプログラム

刑務所内では、更生をめざす受刑者が規則正しく生活できるように、起床や就寝、食事の時間がこまかくきめられています。また、さまざまなプログラムをおこなう時間があり、集団生活を通して社会復帰をめざします。

そのプログラムの一つが「刑務作業」です。木工や金属の工場で作業し、責任感やはたらく意識を身につけます。また、刑務所を出たあとに、仕事を見つけやすいように、免許や資格をとるための知識や技術を身につける「職業訓練」もあります。小学校、中学校、高校で学習する内容を教わったりすることもあります。

刑務所を出る前には、社会に出てからの生活についての説明や相談、仕事の紹介もおこないます。はたらくことができず、お金にこまって罪をおかす人もいるので、受刑者が出所したあと、自立してはたらき、社会の中で生活していけるようになることは、ふたたび犯罪をおこさないためにたいへん重要です。

刑務所での1日の例（平日）

起　床	6：30	
朝　食	7：00	
刑務作業開始	7：40	
休憩	9：45〜10：00	
昼食・休憩	11：50〜12：30	
休憩	14：00〜14：15	
刑務作業終了	16：30	
点　検	16：50	
夕　食	17：00	
自由時間	17：30〜21：00	
仮就寝	19：00	
消灯・就寝	21：00	

※土・日曜と祝日は作業がなく、自由時間となる。

ふたたび罪をおかさないようにすることが大事なんじゃ。

法務省の仕事

社会復帰を手助けする

法務省では、犯罪や非行をした人がふたたび罪をおかさないよう、立ち直りを社会の中で見守り、地域全体でささえていくとりくみをしています。

社会生活に復帰するために

犯罪や非行をした人が立ち直るためには、本人の強い意志に加えて、地域のサポートが欠かせません。

法務省は、犯罪や非行をした人がふたたび同じことをくりかえさないように、社会の中で約束ごとを守って生活するように指導しながら、その人の立ち直りに必要な手助けをする仕事をしています。これを「保護観察」といい、民間のボランティアの人たちと協力しておこなっています。

保護観察を受けるのは、裁判所で保護観察を受けるようにきめられた人や、最初の予定よりも早くに刑務所や少年院から出ることをゆるされた人です。

法務省に所属する「保護観察官」と、民間ボランティアの「保護司」が、こういった手助けをおこなうんじゃ。

六法全書

保護観察官は、保護観察中の人と定期的に面接をするなど、社会復帰の手助けをする。

社会復帰に必要なこと

法務省は、犯罪や非行をした人が自立した生活を送れるように、さまざまな手助けをしています。身よりがなかったりして住むところがない人を対象に、住まいや食事を提供したり、自立のための生活指導をおこなう「更生保護施設」などへの入所をとりはからったりします。

また、はたらく場所を確保するため、全国に「協力雇用主」が登録されています。協力雇用主とは、犯罪などをしたために仕事が見つかりにくい人を、その事情を理解したうえでやとい、自立に協力する会社のことです。

罪をおかした人を罰するのは必要なことです。しかし、立ち直ろうとする人を受け入れ、犯罪や非行をくりかえす人を生み出さない家庭や地域づくりを進めるのも、大事なことです。

協力雇用主数の移りかわり

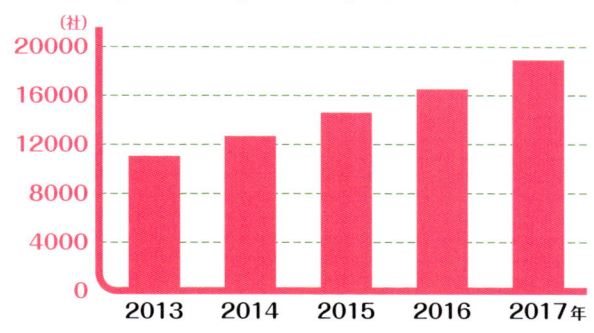

はたらく場所がないことは、ふたたび犯罪をおかす率にも影響するので、法務省は協力雇用主の数をふやしている。 資料：法務省

> 地域のたくさんの人たちが、それぞれの立場でかかわっていく必要があるんだね。

法務省の仕事

保護観察中に、守らなくてはいけない約束ごとの例

ふたたび犯罪や非行をしないように、健全な態度で生活する。

保護観察官と保護司による定期的な指導を、まじめな態度で受ける。

引っ越しや7日以上の旅行をするときは、あらかじめ許可を受ける。

危険な団体を調査　公安調査庁など

法務省の機関に、公安調査庁と公安審査委員会があります。これらの機関は、危険とされる団体の情報収集や規制を通して、日本の安全を守る仕事をしています。

法務省の仕事

「テロ」をふせぐために

　ニュースなどで、「テロ」ということばを聞いたことがありませんか？　テロ（テロリズム）とは、自分の政治的・宗教的な主張を通すために、暴力を用いることです。

　公安調査庁は、「破壊活動防止法」と「無差別大量殺人行為をおこなった団体の規制に関する法律」という法律にもとづいて、さまざまな団体を調査し、情報を分析する仕事をしています。

　こうした調査・分析結果をもとに、公安審査委員会が、活動の禁止や制限といった、実際に団体などにくだす処分を決定します。

オウム真理教という宗教団体による、1995年の地下鉄サリン事件のようす。サリンという毒ガスが東京の地下鉄車内で使用され、多くの被害者を出したテロ事件の一つ。

この地下鉄サリン事件をきっかけに、テロをふせぐための規制が急速に進んだんじゃよ。

国際的な情報の収集と分析

　日本の安全をおびやかす可能性があるのは、国内の団体だけではありません。近年、世界中で、国際的な組織による、大規模なテロもおきています。日本も、いつねらわれるかわかりません。日本をねらう団体の活動を日ごろから調査し、実際に海外に行って、情報を収集して分析することも公安調査庁の役目です。

　国際的な情報収集は、公安調査庁だけでおこなっているわけではありません。外務省や警察庁、防衛省、内閣情報調査室などでも、多くの情報が集められます。また、より専門的な情報は、財務省や金融庁、経済産業省、海上保安庁なども集めており、国の多くの機関がかかわっています。公安調査庁は、これらの機関とも情報を交換し、危険につながる情報をさがします。

　公安調査庁がまとめた情報は政府のトップにも送られて、国の政策決定に役立てられているんじゃ。

法務省の仕事

世界でおきているさまざまな紛争・テロ

　現在世界では、国と国とのあいだの緊張に加え、さまざまな内乱（国内でおきる紛争）やテロ事件などもおこり、混乱を深めています。公安調査庁では、そのような情勢をたえず調査しています。

北朝鮮のミサイル・核開発

北朝鮮は、日本をはじめ周辺の国の脅威となる、弾道ミサイルの発射実験や核実験をくりかえしている。

国際テロ組織の活動

イスラム過激派組織「ISIL」が世界各地で民間人もまきこんだ無差別テロをおこし、大きな被害が出ている。

公安調査庁が情報を集めている、そのほかのおもな国際情勢

・オホーツク海周辺で軍事態勢を強化するロシア
・紛争がつづく中東・北アフリカ情勢（シリア情勢）
・世界中でおきているサイバー攻撃
など

そのほかの法務省の仕事

司法試験の運営

司法試験とは、裁判所の裁判官や検察庁の検察官、弁護士など、法律の専門家として仕事をするための資格を認定する試験です。法務省が運営するこの試験は、"日本でいちばんむずかしい試験"ともいわれ、１年間に１回おこなわれます。

司法試験の受験資格を得るには、「法科大学院」で勉強するか、「司法試験予備試験」に合格するかのいずれかが必要です。法科大学院は、法律をくわしく学ぶ専門教育機関で、一般的には３年間勉強します。司法試験予備試験は、時間やお金の都合などで法科大学院に行けない人でも、司法試験の受験資格を得られる試験です。

受験資格は、取得から５年でなくなってしまうので、その前に、司法試験に合格する必要があります。司法試験の合格者は、「司法修習生」という立場になり、司法研修所で講習を受け、法律の現場で実務の経験を積みます。その後、国家試験を受け、合格すれば、晴れて法律の専門家としての仕事ができるようになります。

検察官になるためには、国家試験合格後、さらに採用試験に合格する必要があるんじゃ。

司法試験の合格者数

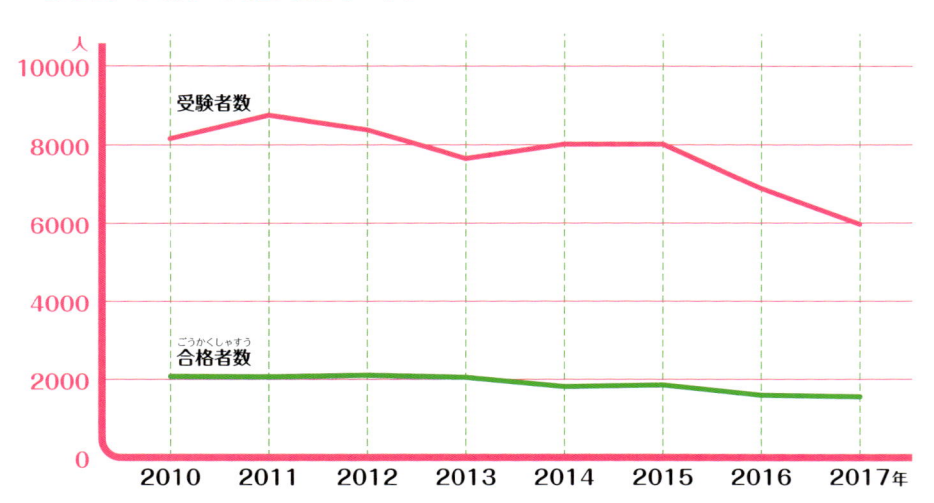

司法試験は、毎年の合格者がおよそ４人に１人というせまき門になっている。

資料：法務省

犯罪のない世の中をめざす

とりしまりを強化して、罪をおかした人を罰することは必要ですが、それだけでは、犯罪や非行をなくし、人びとが安心してくらせる社会はできません。立ち直ろうと決意した人を家庭や地域で受け入れ、ふたたび犯罪や非行に走らせない環境づくりが、とてもたいせつです。そのためには、一部の人たちだけでなく、地域のすべての人たちがそれぞれの立場でかかわっていく必要があります。

法務省では、犯罪のない社会をめざして、「社会を明るくする運動」という全国的な運動を毎年おこなっています。この運動では、全国の小・中学生を対象とした作文コンテストを開催して

います。日常の家庭生活、学校生活の中で、犯罪・非行のない地域社会づくりや、犯罪・非行をした人の立ち直りについて考えたことや感じたことが、作文のテーマです。

「社会を明るくする運動」では、このほかにも、ポスターを掲示したり、新聞やテレビなどでの広報活動をしたりもしています。加えて、だれでも参加できるさまざまなイベントなどもおこなっています。

> イベントに参加したりホームページを見たりして、自分にはなにができるのかを、考えていくことが大事なんじゃな。

もどらない。もどさない。

立ち直りを決意したひとを、決してあやまちに戻さない。

主唱/法務省

第67回 社会を明るくする運動
犯罪や非行を防止し、立ち直りを支える地域のチカラ。

更生ペンギンのサラちゃん

更生ペンギンのホゴちゃん

7月は"社会を明るくする運動"強調月間・再犯防止啓発月間です。　社明 しゃめい　検索

> イベントに参加してみようかな！

「社会を明るくする運動」のポスター。2017年の作文コンテストでは、全国の小・中学生から、あわせて約33万点の応募があった。

法務省の仕事

法務省　データを見てみよう

国のたいせつなきまりごとである「法律」を担当するのが、法務省です。
法務省にかかわりのある、さまざまなデータを見ていきましょう。

「戸籍」（→10ページ）

1戸籍あたりの人数は減少

「戸籍」（→10ページ）を管理する省庁である法務省は、戸籍に関するくわしいデータを収集しています。

ここ20年で、戸籍（本籍）数は、およそ500万戸ふえています。その一方、人口には大きな変化はないので、1戸籍あたりの人数はへってきています。

「本籍」とは、戸籍がある場所のことじゃよ。

法務省の仕事

戸籍（本籍）数と1戸籍あたりの平均人数

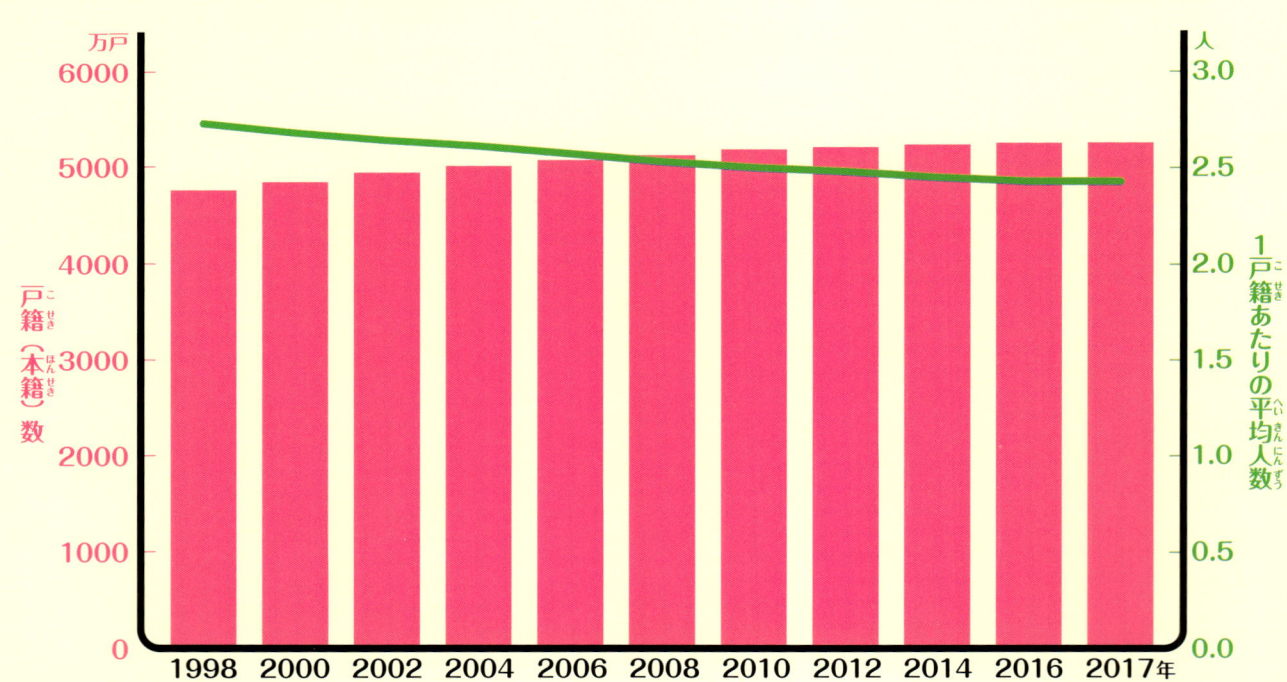

資料：法務省「戸籍統計」

日本でくらす外国人は増加（ぞうか）

現在（げんざい）の日本には、約240万人というたくさんの外国人がくらしています。大部分は、中国（ちゅうごく）、韓国（かんこく）をはじめとするアジア出身の人たちで、全体の8割（わり）以上をしめています。

日本に住む外国人はどんどんふえており、1980年からの36年間で3倍以上になりました。アジアをはじめとする海外への日本企業（きぎょう）の進出などで交流が深まり、日本にはたらきにくる人がふえたことが理由の一つです。また、日本の学校で学ぶことを目的に、日本でくらす人もふえています。

日本に住む外国人の出身地域（ちいき）（2016年）

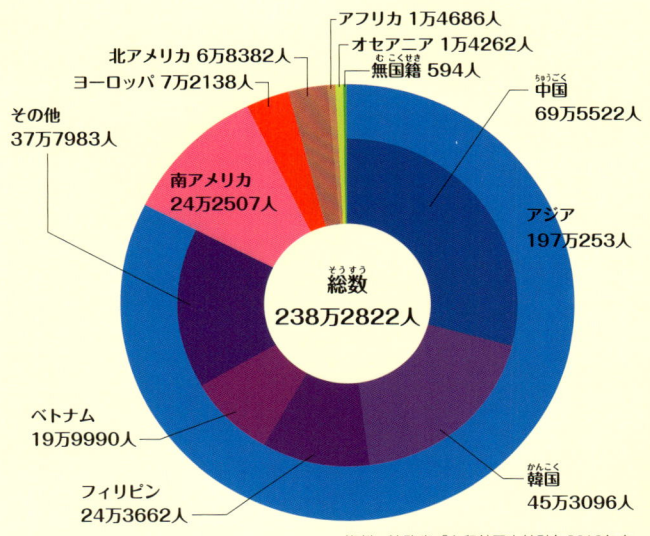

- アフリカ 1万4686人
- オセアニア 1万4262人
- 無国籍（むこくせき）594人
- 北アメリカ 6万8382人
- ヨーロッパ 7万2138人
- その他 37万7983人
- 南アメリカ 24万2507人
- ベトナム 19万9990人
- フィリピン 24万3662人
- 中国（ちゅうごく）69万5522人
- アジア 197万253人
- 韓国（かんこく）45万3096人

総数（そうすう）238万2822人

資料：法務省「在留外国人統計」2016年度

日本でくらす外国人でいちばん多いのは、中国（ちゅうごく）出身の人なんだね。

国は、外国人が日本をおとずれやすいようにする政策（せいさく）を進めているんじゃ。

日本に住む外国人の数の移（うつ）りかわり

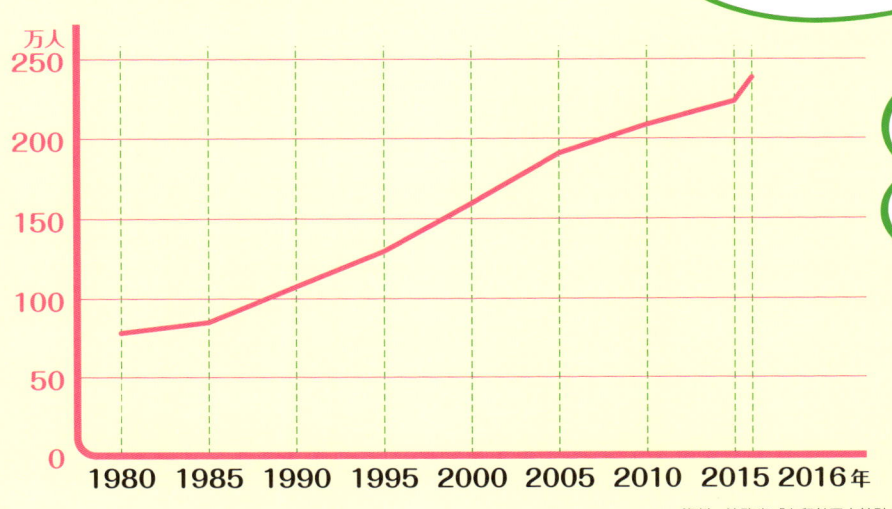

万人

| | 1980 | 1985 | 1990 | 1995 | 2000 | 2005 | 2010 | 2015 | 2016年 |

資料：法務省「在留外国人統計」

日本の犯罪の件数

日本でおきている事件は、その半分近くが、交通事故で人を死亡させたり、けがをさせたりする「過失運転致死傷」です。道路交通法に違反して検察や警察に取り調べを受けた人もふくめると、多くの事件が、自動車や交通ルールに関係したものだといえます。

法務省「犯罪白書」によると、検察庁に事件として処理された人の総数は1999年には約219万人でしたが、2015年は約118万人と、およそ半分です。また未成年の少年による犯罪も、近年は急激にへっています。

しかし、おとな、少年にかかわらず、凶悪な犯罪が世間をさわがすことも少なくありません。犯罪をふせぐとりくみを社会全体で進めることが、ますます重要になっています。

犯罪別の犯罪者の数（2015年）

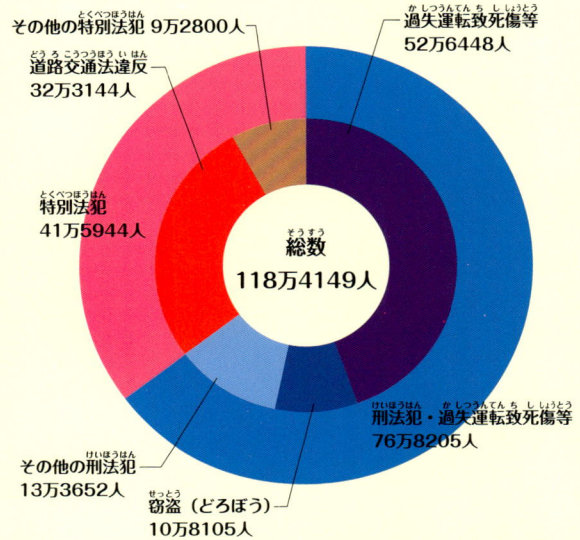

- その他の特別法犯 9万2800人
- 道路交通法違反 32万3144人
- 過失運転致死傷等 52万6448人
- 特別法犯 41万5944人
- 総数 118万4149人
- その他の刑法犯 13万3652人
- 窃盗（どろぼう）10万8105人
- 刑法犯・過失運転致死傷等 76万8205人

検察庁で事件として処理された人数をしめしている。特別法犯とは、道路交通法や覚せい剤取締法など、刑法以外の法律に違反した人のこと。

資料：法務省「平成28年版 犯罪白書」

検挙された少年の数

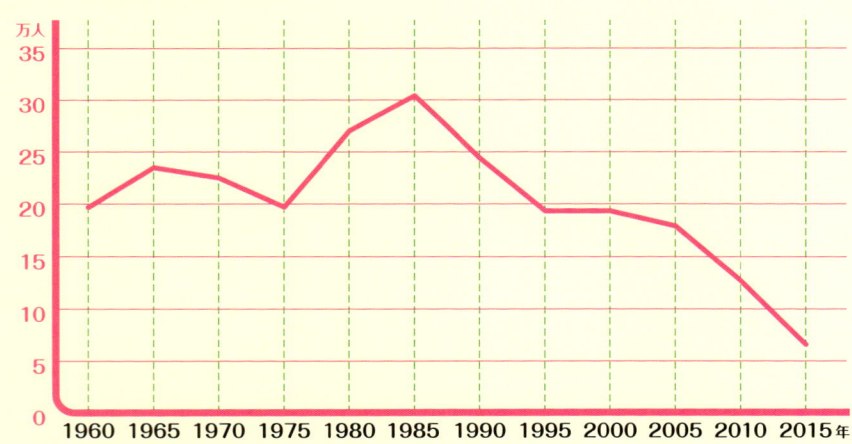

万人
35 30 25 20 15 10 5 0
1960 1965 1970 1975 1980 1985 1990 1995 2000 2005 2010 2015年

少年犯罪は、1980年代から4分の1以下にまでへっているんだね。

「検挙」とは、警察や検察などが、犯罪や法律違反を指摘すること。

資料：法務省「平成28年版 犯罪白書」

法務省　なんでもQ&A

これまでのページで学んだこと以外にも、法務省についてのいろいろな疑問をたずねてみましょう。

法務省は、いつ、どうやってできたの？

法務省は、明治時代にできた「司法省」が1948年に廃止されたあとにできた省じゃよ。現在の裁判所は、法務省から独立した機関だけど、司法省は裁判所を管理下においていたのが大きなちがいじゃ。

裁判には種類があるってほんとう？

この本で紹介したのは、犯罪をおかした人を裁く「刑事裁判」じゃ。ほかに、法律に反しているわけではないトラブルが発生したとき、当事者どうしがあらそう「民事裁判」があるんじゃ。

日本国憲法と法律って、どうちがうの？

憲法は、国にとっていちばんたいせつなきまりごと。すべての法律は、憲法にしたがってつくられなければならないんじゃ。憲法に反する法律は「違憲」とされて、無効になることもあるぞ。

「弁護士」って、どんな仕事なの？

裁判や、法律に関するあらそいがおきたとき、法律の知識がない人の代理人になったり、相談に乗ったりする仕事じゃよ。日本は、先進国のなかではまだまだ弁護士の数が少ないとされているぞ。

法務省  の仕事

法務省のこと、もっと知りたいなら

法務省についてさらに深く知りたい人のために、法務省の仕事にかかわる本やホームページ、見学できる施設などを紹介します。

わからないことは、施設の人に問い合わせてみるのもいいね。

オススメの本

きみが考える・世の中のしくみ③
『法律と裁判ってなに？』

峯村良子／作・絵
偕成社

複雑でむずかしい法律や裁判のいろいろについて、絵本形式でわかりやすく解説した本。

オススメのホームページ

法務省 きっずるーむ
http://www.moj.go.jp/KIDS
法務省の仕事を、たくさんの写真で紹介。クイズのコーナーもある。

日弁連 子どもページ
https://www.nichibenren.or.jp/ja/kids
裁判の流れや、実際の裁判で活躍する弁護士の仕事をわかりやすく解説している。

オススメの施設

法務史料展示室
明治時代以降の、法務省（旧司法省）の活動の歴史に関する、さまざまな展示を見られる。

住所：東京都千代田区霞が関1-1-1　法務省赤れんが棟
電話：03-3592-7911

法務史料展示室の展示。

最高裁判所
裁判をおこなう国の最高機関。見学ツアーを実施していて、庁舎や大法廷を実際に見ることができる。

住所：東京都千代田区隼町4-2
電話：03-3264-8151

法務省 の仕事

第2章
外務省の仕事
（がいむしょう）

外務省ってどんなところ?
（がいむしょう）

外務省の仕事

世界にひらかれた、国の窓口
（まどぐち）

　世界には、190をこえる国があります。国と国との関係も、人と人との関係と同じです。仲よくなるためには、話しあったり、助けあったり、交流したりしながら信頼関係をきずくことがたいせつです。仲が悪くなり、けんかになるとたいへんです。国と国とのけんかは戦争です。戦争になると多くの人命が失われたり、環境が破壊されたりします。

　また、日本は島国で、国土の広さのわりに、人口は多い国です。石油などの資源にもとぼしく、多くを外国から輸入しています。また最近では、多くの食料も輸入にたよっています。

　もし日本が外国と仲よくできなければ、資源や食料などを外国から買うことができなくなります。資源がなくなれば、電気が止まるなど、今の便利な生活ができなくなってしまいます。

外務省は、外国と仲よくやっていくにはどうすればいいかを考えている、国の役所です。

もしもとつぜん外務省がなくなったら、外国との関係がめちゃくちゃになってしまいます。国と国との約束ごとや国際的なきまりも守られなくなり、日本人が外国に行くこともできなくなります。外国と話しあったり、助けあったりすることもなくなり、仲が悪くなってしまいます。あげくのはてには、戦争がはじまるかもしれません。

そんなことにならないように、外務省は、世界中のあらゆる国と仲よくし、平和で民主的な国際関係をきずけるように、さまざまな仕事をしています。

外国とつきあう方針をきめる

世界にはいろいろな人がいて、国にもいろいろなちがいがあります。さまざまな面で日本とはことなる国ぐにと、どのようにつきあっていくべきでしょうか？

国がきめた方針を実現する

日本とほかの国との関係の方針をきめるのは、内閣総理大臣と、各省庁のトップなどの国務大臣からなる内閣です。内閣総理大臣と国務大臣は、おもに国民の代表の国会議員からえらばれます。内閣は、日本国憲法の「平和主義」にもとづき、外国とのつきあい方の方針をきめます。

その方針にもとづいて実際に外交（外国とつきあうこと）をおこなうのが、内閣をささえる外務省です。現在の内閣と外務省は、下の3点を大きな方針としています。

外務省は、内閣の方針にしたがって外交の最前線に立つ役所なんだ。

日本の3つの外交方針

①外交的な努力をつくして、世界各国および国際社会との信頼・協力関係をきずくこと。

②国際社会が安定し、ますます栄えるような基盤を強くしていくこと。

③国際社会の安定がおびやかされる事態を、あらかじめふせぐこと。

平和と安全を確保する

平和条約

日本は、1945年の太平洋戦争敗戦の翌年に、新しい憲法である日本国憲法をつくりました。そこでは、「平和を愛する諸国民の公正と信義に信頼して、われらの安全と生存を保持しようと決意した」と定めています。

しかし、さまざまなあらそいごとや問題のある国際社会において、どのように日本の平和と安全を確保するのか？　それは、たいへんむずかしく、大きな問題です。

関係に問題をかかえる国も

日本と仲のよい国ばかりではありません。問題をかかえている国もあります。

ロシアとのあいだでは、北海道の北にある「北方領土」の所属をめぐる、領土問題があります。これを解決し、平和条約をむすぶために、話しあいがつづけられています。

さらに、ミサイル・核開発、日本人拉致問題などの課題をかかえる北朝鮮とは、国交（国と国との正式なつきあい）がなく、直接話しあうことができません。そこで、アメリカとロシア、韓国、中国を加えた6か国での話しあいの場をもったり、国際連合（国連）を通じて交渉したりしています。

1951年、日本はアメリカと「日米安全保障条約」をむすび、1960年の改定をへて、日本がアメリカに軍事基地を提供するかわりに、アメリカが日本を守るということになっています。

また、アメリカのほかにも、日本とたがいにみとめあう考え方や価値観をもつ国や人と連携・協調を進めています。

2007年に中国でおこなわれた北朝鮮に関する6か国での話しあいのようす。2017年現在は、事実上中断している。

国連は、世界中の国が集まってつくられた組織なんだね。

外務省　の仕事

「条約」について話しあう

国と国がうまくつきあうためには、約束ごとが必要です。一度きめた約束は、自分の都合でかえるのはむずかしいので、将来のことまで考えて話しあわなければいけません。

外務省の仕事

外国や国際機関とのとりきめ

国と国との約束や、国と国際機関との約束を「条約」といいます。条約には、2国間のこまかなとりきめから、世界の国ぐにがみんなで考え、まとめるものまで、はば広くあります。経済産業省や環境省など、国のほかの機関と協力して、条約をまとめあげるのが、外務省の仕事です。

はなやかな国際会議に参加するだけでなく、ときには「黒子」として、目立たないところで

ねばり強く交渉を重ねたり、日本の利益を守りつつ相手のことも考えたむずかしい交渉をしたりしながら、努力しています。

条約をむすぶには、国会の賛成も必要なんだよ。

近年にむすばれた条約の例

2国間：日・オマーン投資協定（2017年6月）
日本とオマーンのあいだでむすばれた経済交流に関する条約で、近年日本が多くの国とむすんでいる、投資を保護し、促進する協定の一つ。

多国間：水銀に関する水俣条約（2017年5月）
健康被害や環境汚染の原因となる水銀の、国際的な取り引きを規制する条約。日本が中心となり、水銀による公害のあった熊本県水俣市での話しあいで制定された。

条約は、おたがいの国の外務大臣や大使など国を代表する人が署名することで発効する。

外交官は「縁の下の力持ち」

　下の写真は、世界中の国ぐにが集まる国際連合（国連）の、「安全保障理事会」の会議のようすです。安全保障理事会は、どうすれば世界が平和になるかを考える、世界でもっとも重要な話しあいの場の一つです。

　円形のテーブルにすわっているのが、「理事国」の代表者です。理事国は、国連の中心的役割をはたす常任理事国5か国と非常任理事国10か国の、あわせて15か国です。

　代表者のうしろにすわっているのが、日本でいう外務省の職員にあたる、各国の外交官です。話しあいを聞いてどうすればいいか考えたり、きまったことを本国に伝えたり、代表者をささえたり……。外交官は、国連の会議だけでなく、ほかの多くの国際会議でもこのような役目をはたしています。まさに、国際会議の「縁の下の力持ち」ですね。

2017年におこなわれた、国連安全保障理事会のようす。　©UN Photo/Manuel Elias

世界のことをきめる大事な会議だから、みんな真剣だね。

外務省の仕事

外国と経済政策（けいざいせいさく）のルールを話しあう

日本は、外国から石油や鉱物（こうぶつ）などの資源や食料を輸入（ゆにゅう）する一方、外国に機械製品（きかいせいひん）などを輸出（ゆしゅつ）しています。そのため、スムーズに貿易をおこなえる環境（かんきょう）をつくるのが重要です。

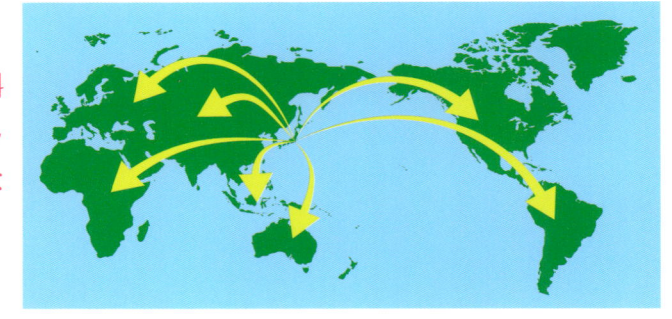

外務省の仕事

経済でも良好な関係（けいざい）が不可欠（ふかけつ）！

日本は、外国と製品（せいひん）や資源（しげん）の取り引きをすることでなりたっている「貿易立国（ぼうえきりっこく）」です。そのため、世界の国ぐにとよい関係をたもつ必要があります。

そこで、2国間で協力する約束（自由貿易協定（じゆうぼうえきききょうてい）や経済連携協定（けいざいれんけいきょうてい）など）をむすんだり、多くの国と貿易などのルールをきめる話しあいを、ほかの省庁とも協力して進めたりしています。

また、日本の企業（きぎょう）が外国で活動できるように支援（しえん）をおこなったりしています。

外国とおこなう経済協力（けいざいきょうりょく）

自由貿易協定（じゆうぼうえきききょうてい）（FTA）（エフティーエイ）
経済連携協定（けいざいれんけいきょうてい）（EPA）（イービーエイ）
国と国とのあいだで、自由に貿易をおこなえるようにするとりきめ。

エネルギーの安全保障（あんぜんほしょう）
西・中央アジア、アフリカをはじめとするエネルギーなどの資源輸出国（しげんゆしゅつこく）と、よい関係をたもつための活動。

インフラの海外展開（てんかい）
日本の企業（きぎょう）が、鉄道や水道、電気など、日本のすぐれた技術（ぎじゅつ）を外国に広める経済活動（けいざいかつどう）の手助け。

発展途上の国を助けるODA

日本は、経済の発展がおくれている国に対して手助けもしています。その代表的なとりくみが、外務省が中心となっておこなう「政府開発援助（ODA）」です。

ODAとは、これから発展していく国の開発のために、お金や技術を提供したり、貸したりすることです。こうした手助けによって、その国で、国民の権利が守られた、平和な社会がつくられるように応援しています。

また、きれいな水や医薬品、食料などが不足

ODAで、外国に学校を建設する手助けもおこなっている。写真はカンボジアの小学校。

している国に、それらの物資を提供する「人道支援」などにも、ODAはつかわれています。

外務省の仕事

各国のODAの総額の移りかわり

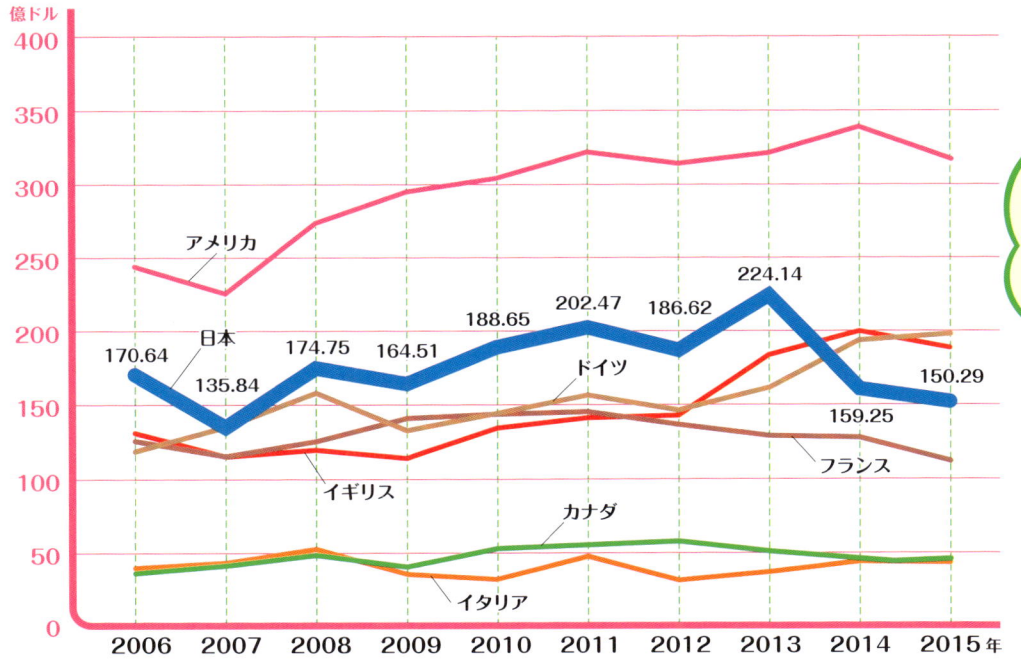

億ドル

アメリカ

日本 170.64 135.84 174.75 164.51 188.65 202.47 186.62 224.14 150.29

ドイツ

イギリス

フランス 159.25

カナダ

イタリア

2006 2007 2008 2009 2010 2011 2012 2013 2014 2015 年

日本は、総額で見ると世界4位のODA支出国となっている。

資料：外務省

外国の経済発展を手助けすることも、たいせつな仕事だよ。

旅券を発行する

わたしたちが海外旅行に行くとき、もっとも重要な書類が旅券（パスポート）です。パスポートを発行するのも、外務省のたいせつな仕事の一つです。

外務省の仕事

命の次に大事なパスポート

外国に行くには、パスポートをもっていなければいけません。また、外国から日本に帰ってくるときも、パスポートが必要です。旅行先では、国際的に通用する身分証明証として、いろいろな場面で提示をもとめられます。海外旅行では、命の次にたいせつなのが、パスポートなのです。そのパスポートは、外務省が発行しています。

日本のパスポートは、現在2種類あって、有効期限が5年のものが紺色、10年のものが赤色の表紙になっています。20歳以上の人は、5年用と10年用のいずれかのパスポートをえらべますが、20歳未満の人は、5年用のみもつことができます。

5年用（左）、10年用（右）の2種類のパスポート。

パスポートをなくすと、現地の大使館で再発行してもらうまで日本に帰れないんだ。

パスポートをもったら

パスポートは、外国にいるとき、国籍、氏名、年齢など、「自分が何者であるか」を具体的に証明できる、ほぼ唯一の手段です。また、万一事件がおこったときに、その国の政府に対して、必要な保護と手助けをお願いする、たいへん重要な公式の文書です。

外国でぬすまれたパスポートが、ぜんぜんちがう国で、犯罪につかわれることもあります。もし、自分がパスポートをもったら、たいせつにしましょう。

パスポートを発行するのは外務省だけど、実際に手続きをするのは、自分が住んでいる都道府県にある窓口だよ。

現在は、日本人の4人に1人がパスポートをもっているんだって！

外務省の仕事

図解！ パスポート

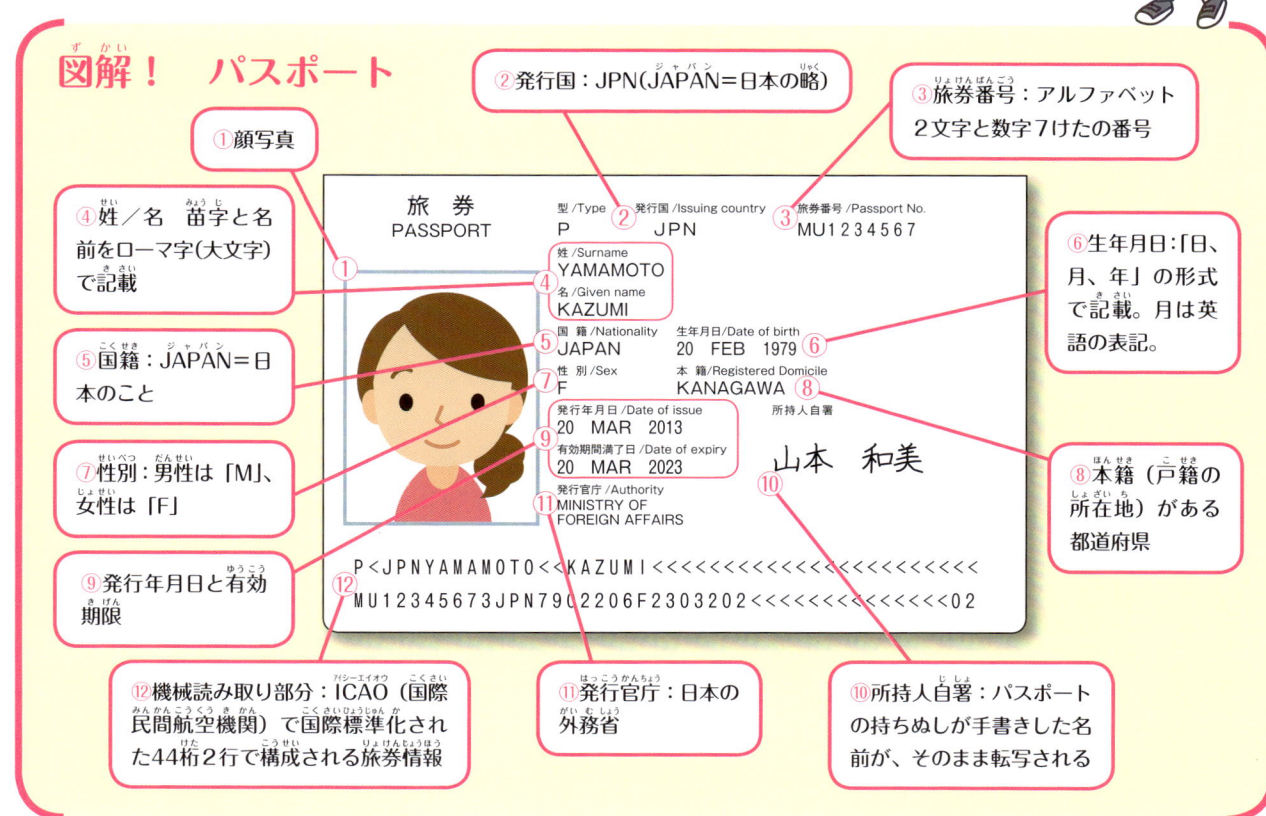

①顔写真

②発行国：JPN（JAPAN＝日本の略）

③旅券番号：アルファベット2文字と数字7けたの番号

④姓／名 苗字と名前をローマ字（大文字）で記載

⑤国籍：JAPAN＝日本のこと

⑥生年月日：「日、月、年」の形式で記載。月は英語の表記。

⑦性別：男性は「M」、女性は「F」

⑧本籍（戸籍の所在地）がある都道府県

⑨発行年月日と有効期限

⑩所持人自署：パスポートの持ちぬしが手書きした名前が、そのまま転写される

⑪発行官庁：日本の外務省

⑫機械読み取り部分：ICAO（国際民間航空機関）で国際標準化された44桁2行で構成される旅券情報

旅券 PASSPORT
型／Type P
発行国／Issuing country JPN
旅券番号／Passport No. MU1234567
姓／Surname YAMAMOTO
名／Given name KAZUMI
国籍／Nationality JAPAN
生年月日／Date of birth 20 FEB 1979
性別／Sex F
本籍／Registered Domicile KANAGAWA
発行年月日／Date of issue 20 MAR 2013
有効期間満了日／Date of expiry 20 MAR 2023
発行官庁／Authority MINISTRY OF FOREIGN AFFAIRS
所持人自署 山本 和美

P<JPNYAMAMOTO<<KAZUMI<<<<<<<<<<<<<<<<<<<<<<<<<
MU12345673JPN7902206F2303202<<<<<<<<<<<<<<02

「在外公館」の仕事

外国に滞在していたり、旅行におとずれたりした日本人を助ける外務省の施設が世界のいろいろな国にあります。どんな地域で、どんな仕事をしているのでしょうか。

日本大使館

外務省の仕事

現地の日本人を助ける

　日本人が外国に行って、トラブルにまきこまれたりしたとき、たよりになるのが日本の「在外公館」です。

　パスポート（→40ページ）をなくして日本に帰れなくなったとき、再発行してくれたり、犯罪にまきこまれたときに助けてくれたりします。また、日ごろからその国の人と仲よくして、日本の立場を伝えたり、その国の情報を集め、日本の外務省やほかの省庁に報告したりもしています。

　また、世界に日本の文化を広めて、日本を理解してもらうことも在外公館のたいせつな仕事です。書道や茶道、生け花などの伝統文化や和食、日本のスポーツなどを広める活動を積極的におこなっています。さらに、日本の企業の経済活動を助けるために、日本製品のすぐれた品質を知ってもらうパーティーなどもひらいています。

在外公館の種類

大使館	その国で日本を代表する施設。各国の首都におかれる。
総領事館	その国で日本人が商売や旅行を安全にできるようにするために、必要に応じておかれる。
政府代表部	国際連合（国連）などの国際機関におかれる。

外国でこまったときに助けてくれるなんて、たのもしいね。

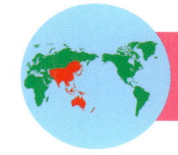

近い友人、アジア・太平洋地域

日本は、アジアの一員です。各国との距離も近く、日本と歴史的・文化的な関係も深い国が多いので、たくさんの在外公館があります。実際に、日本におとずれる外国人の5人に4人以上がアジアの国ぐにからきた人です。また、物の交流（貿易）もさかんで、輸出入額の半分以上は、アジアの国との貿易によるものです。

このように、日本とむすびつきが強いアジア地域ですが、その反面、あらそいごとや問題もおこりやすくなります。現在も、北朝鮮とは国交がなく、さまざまな問題で対立しています。また、中国や韓国とは、経済面でのむすびつきがたいへん強くなりましたが、領土をめぐるあらそいなど、政治面での緊張関係がつづいています。

太平洋地域のオーストラリアやニュージーランドも、日本と関係が深い国で、とくに経済上の交流がさかんです。オーストラリアからは、おもに牛肉や鉄鉱石、石炭などを輸入し、日本からはおもに自動車などを輸出しています。また、ニュージーランドからは、おもに羊毛などを輸入し、日本からはおもに機械類を輸出しています。

韓国の首都ソウルの繁華街には日本人観光客も多くおとずれ、にぎわっている。

インドネシアの果物市場。東南アジアの国ぐにからは、多くの果物や野菜を輸入している。

日本が大量の羊毛を輸入している、ニュージーランドの牧場。

近くの国とは、とくに仲よくしなくてはいけないね。

アメリカ大陸の国ぐにとの関係

現在の日本の政府が、もっとも重要だと考えている国が、北アメリカ地域にあるアメリカです。アメリカには、全部で18もの在外公館があります。国土が広いうえに、日本の会社も数多く進出し、日本人の旅行者も多いので、各地に、総領事館がおかれています。

メキシコとカリブ海沿岸からなる中央アメリカ地域と、南アメリカ大陸の12か国とまわりの島じまからなる南アメリカ地域をあわせて、中南米地域といいます。

南アメリカ大陸の中心にある大国ブラジルには、日本の総領事館が複数あります。その理由は、面積が広いというだけではありません。日本からブラジルへの移民の歴史は100年以上あり、現在、日系人は約190万人もいて、世界最多です。また、ブラジルからも多くの人が、日本にはたらきにきています。

アメリカの首都ワシントンD.C.にある日本大使館。日本との関係が深いアメリカには、ほかにも重要な施設がたくさんある。

上はサンフランシスコ（アメリカ）と、下はサンパウロ（ブラジル）の日本人街。たくさんの日系人や日本人が住んでいる。

アメリカだけでなく、昔から日本との関係が深い国がたくさんあるよ。

ヨーロッパ、中東、アフリカの国

ヨーロッパには、日本よりも面積が小さい国が数多くあります。しかしそれぞれの国の歴史は古く、日本は、ヨーロッパの国ぐにから多くの知識や技術を学んで、先進国の仲間入りをはたしました。そのため、数多くの在外公館がおかれています。

中東地域には、原油生産国がたくさんあります。日本で消費する石油の多くは、中東地域の国から輸入していて、貿易での関係はもとから深い地域です。しかし近年、紛争や内戦がおきたり、国際的なテロ組織の活動の拠点になったりして、情勢が不安定になっています。日本も、国連の活動に自衛隊を派遣したり、難民の保護に資金を出したりするなど、国際社会と協力し、この地域の安定化につとめています。

アフリカ大陸には、アジアやヨーロッパよりも多くの国がありますが、それらの地域にくらべて、在外公館の数は多くありません。しかし、これからは、ゆたかな資源と豊富な人口をもつこの地域の国ぐにとのむすびつきも、重要となっていくでしょう。

東ヨーロッパのクロアチアにある日本大使館。現地の街並みにとけこんだ外観をしている。

あまりなじみのない国も多いね。

中東地域のサウジアラビアの石油タンク。

アフリカ地域でもとくに発展している、南アフリカのケープタウン。

外国で日本人を助ける

きゃ〜！
どろぼ〜！

せっかく楽しい海外旅行に行っても、どろぼうにあったり、けがをしたりして、こまってしまう人もいます。このような人を助けるのも外務省(がいむしょう)の仕事です。

外務省の仕事

旅行者を保護(ほご)する

テレビを見ていて、うつった国や場所に、「一生に一度は行ってみたい」と思ったことのある人も多いと思います。ひと昔前は、何か月も前から準備(じゅんび)して、お金と時間をかけておこなう、一大イベントが海外旅行でした。

しかし、今では、飛行機の運賃(うんちん)が下がり、国内旅行とかわらない気軽さで、海外旅行に出かける人もふえてきました。

いっぽう、日本とのさまざまなちがいがあり、なれない外国で、トラブルにまきこまれてしまう人もいます。外務省(がいむしょう)は、こうした人を保護(ほご)したり、手助けをしたりする仕事をしています。このような仕事を、「邦人保護(ほうじんほご)」といいます。

ただし、外務省(がいむしょう)は、なんでもかんでも助けてくれるわけではありません。まずは、事故(じこ)やけがにあわないように、自分で十分に気をつけることがたいせつです。

邦人保護(ほうじんほご)の例

外国で日本人を手助けするため、外務省(がいむしょう)がおこなっていることの例を紹介(しょうかい)します。

事件(じけん)や事故(じこ)にあったとき、現地(げんち)の警察(けいさつ)や、日本の親族(しんぞく)などへの連絡(れんらく)を助ける。また、現地(げんち)の法律(ほうりつ)や制度(せいど)などを説明したり、手続きを助けたりもする。

自然災害(しぜんさいがい)や大規模(だいきぼ)な事故(じこ)などがおきたときは、日本人の安全の確認(かくにん)につとめる。

外国に住む人を助ける

旅行者だけでなく、外国でくらす日本人をいろいろな面で助けるのも、外務省の仕事です。

たとえば、外国での生活にこまっている人や、病気になってしまった人が日本に帰る手助けをします。また、文部科学省などとも協力して、日本人学校をつくったり、現地ではたらく日本人の子どもたちが、日本とかわらない教育を受けられるようにしたりしています。

お金をなくし、日本の親族や知人に連絡できない場合、飛行機のチケットの手配やお金を送ってもらう連絡を、本人のかわりにおこなう。

現地の法律に違反してつかまった人の話を聞いて、日本の親族や知人に連絡したり、助けてくれる現地の弁護士の情報を教えたりする。

外務省にできないことの例

助けてくれるといっても、外務省がなんでもできるわけではありません。下は、できないことの例です。

- お金がなくなった人に、宿泊費や病院代、飛行機の料金など、個人的な費用を貸す。

- 企業の商売の相談やトラブル解決。

- 犯罪を調べたり、犯人をつかまえたりする。
- 法律に違反してつかまったとき、弁護士の費用や、釈放にかかるお金などを出す。
- 忘れものや、なくしたものをさがす。
- 入国許可や滞在許可、就労許可などの申請を本人にかわっておこなう。

外国に行くときには、十分に注意しよう。

外務省　の仕事

そのほかの外務省の仕事

国際連合での活動

各国が集まり、世界の平和や、人びとの幸せな生活を実現するために活動している国際連合（国連）に、日本は、多くの活動資金を提供しています。2016年には、その割合は全体の10％ほどで、アメリカに次いで2番目に多い金額です。

2017年現在、日本は、国連安全保障理事会の非常任理事国をこれまで11期、20年にわたってつとめました。日本は、常任理事国（アメリカ、イギリス、フランス、ロシア、中国の5か国）以外の国では、最多・最長の理事国となりました。

アメリカのニューヨークにある国連本部には、日本の政府代表部があります。政府を代表する3人の国連大使のほか、多くの外務省の職員が、政府代表部ではたらいています。

国連のおもな機関

信託統治理事会
経済の発展がおくれたりしている国や地域を監督し、自立を助ける機関。2017年現在は活動をおこなっていない。

国際司法裁判所
国と国のあいだでおきた問題を、国際的な法律にもとづいて解決する機関。

事務局
国連のさまざまな活動をささえる事務をおこなう機関。

安全保障理事会
世界の安全と平和を目的とする国連の中心的な機関で、常任理事国5か国と10か国の非常任理事国からなる。

総会
すべての加盟国が参加し、さまざまな国際問題を話しあう機関。

経済社会理事会
経済や教育など、平和と安全以外の分野に関する国連の活動をおこなう機関。

国連だけでも、こんなにたくさん機関があるんだね。

国連だけでなく、ほかにもさまざまな国際機関の政府代表部で、外務省の職員がはたらいているよ。

外国の情報を集める

　世界の国ぐにでは毎日、いろいろなことがおきています。今、この瞬間にも戦争で命を落としている人や、食べるものがない人、病気にかかってしまった人がいます。また、危険なテロや国際犯罪などに苦しんでいる人もたくさんいます。

　世界と関係をもたず、日本だけで平和に、幸せにくらしていくことはできません。世界の国ぐにと協力し、めぐまれない国や人びとを助けながら、みんなが幸せにくらしていけるように、努力する必要があります。

NGOと協力する

　非政府組織（NGO）とは、食料不足、貧困、環境破壊などの世界的な問題に対して、政府や国際機関とはちがう民間の立場から、利益を目的とせずに解決にとりくむ団体のことです。

　外務省では、NGOと協力して、これらの国際問題にとりくむとともに、さまざまな手助けをしています。

　民間だからこそできる
とりくみもあるんだね。

　そのために、世界中で今なにがおこっているのか、世界の人びとはどんなくらしをしているのか、日本のことをどう思っているのか……など、世界中の情報を集めて、分析することがたいせつです。

　それをおこなうのが、外務省の「国際情報統括官組織」です。分析した情報は、政府の会議で報告され、政策に役立てられています。

外務省は、NGOの活動にお金を出すなどの手助けをしている。写真は、NGOがおこなったルワンダでの教育支援のようす。

外務省　データを見てみよう

現在、日本にやってくる外国人がふえる一方で、世界に出ていく日本人もたくさんいます。いろいろなデータを見ていきましょう。

世界へ出ていく日本人

2016年現在、130万人をこえる日本人が外国でくらしています。これは旅行者をふくまない数で、年ねん増加しています。

日本人がたくさん住んでいるのは、アメリカ、中国をはじめ、経済が進んでいたり、急速に発展したりしている国が中心です。

近年はとくに、国や地域をまたいで国際的に活動する企業などが多いこともあって、外国の企業や、日本企業の海外支社ではたらくために外国でくらす人も少なくないようです。

外国に住む日本人の数

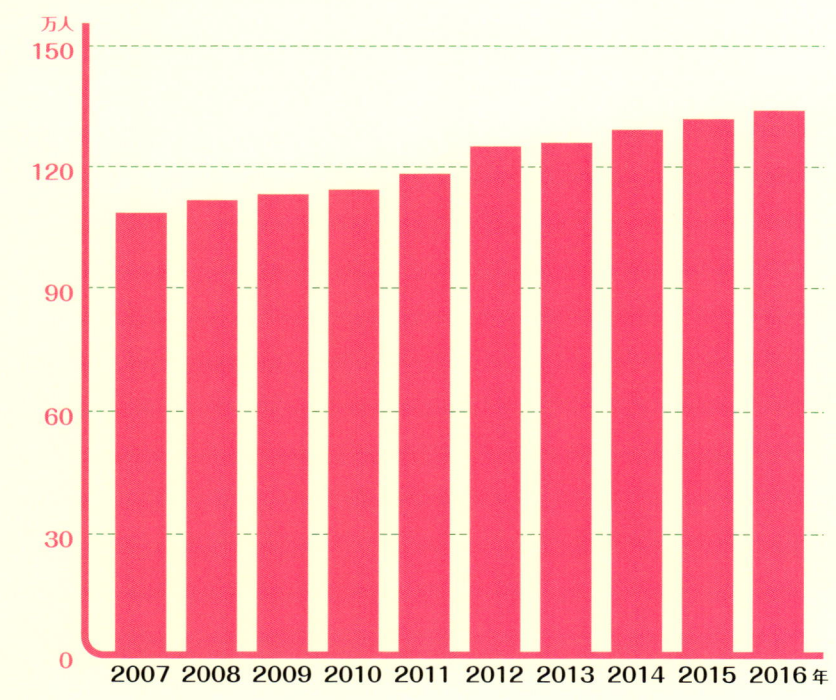

（万人）
150 / 120 / 90 / 60 / 30 / 0

2007　2008　2009　2010　2011　2012　2013　2014　2015　2016年

日本人が多くくらす国トップ10（2016年）

1	アメリカ	42万1665人
2	中国	12万8111人
3	オーストラリア	9万2637人
4	タイ	7万 337人
5	カナダ	7万 174人
6	イギリス	6万4968人
7	ブラジル	5万3400人
8	ドイツ	4万4027人
9	フランス	4万1641人
10	韓国	3万8045人

資料：いずれも外務省「海外在留邦人数調査統計」（平成29年版）

海外旅行はふつうのことに

現在、日本から外国へ行くのはめずらしいことではなくなりました。およそ50年前の1965年は、約16万人にすぎなかった日本人出国者数は、2016年には100倍以上の数にふえています。

かつてはあこがれの対象だった海外旅行も、気軽にできるようになりました。

行き先としてもっとも多いのはアメリカで、ハワイやグアムなど、アメリカ領の地域もふくめると、1年でのべ約600万人もの日本人がおとずれています。ほかに人気を集めているのは、中国や韓国など、日本と距離が近いアジアの国や地域です。

海外旅行の行き先トップ10 （2014年）

1	アメリカ（本土）	362万　224人
2	中国	271万7600人
3	韓国	228万　434人
4	台湾	159万4911人
5	ハワイ	151万　938人
6	タイ	125万4858人
7	香港	107万8766人
8	シンガポール	82万4741人
9	グアム	81万　856人
10	ドイツ	67万0804人

資料：日本旅行業協会「保存版旅行統計2016」

日本の経済が発展していくにつれて、外国へ出かける日本人もふえていったよ。

外務省の仕事

日本人の出国者数

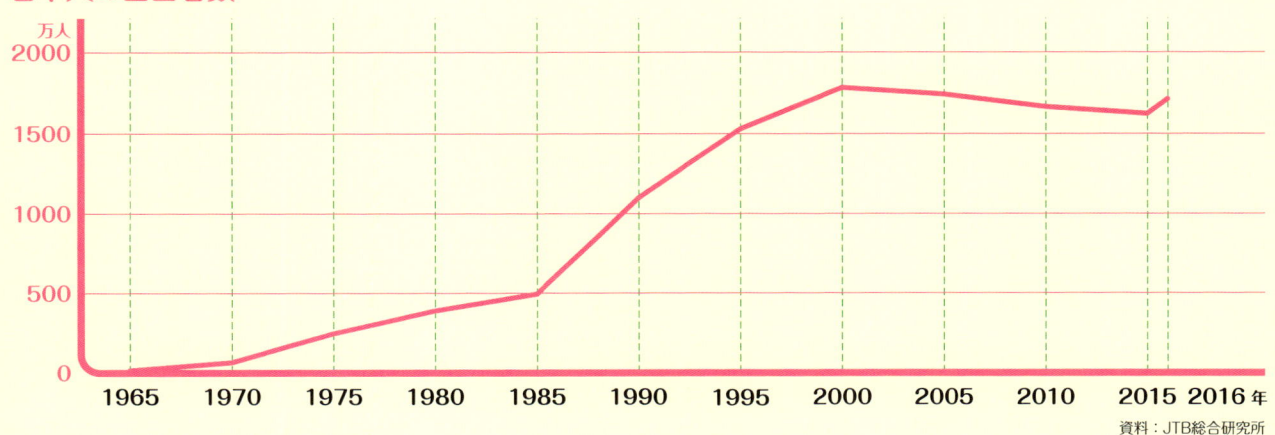

資料：JTB総合研究所

外国への援助

39ページで見たように、日本は「政府開発援助（ODA）」をさかんにおこなっています。おもな援助先は、アジア、中東、アフリカの、これから経済が発展していく国ぐにです。食料不足や貧困など、さまざまな問題を解決するためにODAが役立てられています。

一方で、日本は、国民一人あたりの負担という面では、先進国の中では少ないという見方もあります。ノルウェーやスウェーデンなど北ヨーロッパの国ぐにには、人口があまり多くないので、ODAの総額はそれほどではありません。しかし、国民一人あたりで考えると、たいへん多くのODAを提供しています。

外務省 の仕事

日本のODA援助先トップ10（2015年）

1	インド	1538万2600ドル
2	ベトナム	1418万8800ドル
3	フィリピン	541万9500ドル
4	インドネシア	478万6000ドル
5	バングラデシュ	465万3600ドル
6	ミャンマー	351万1300ドル
7	イラク	334万7700ドル
8	アフガニスタン	317万2000ドル
9	ヨルダン	254万1500ドル
10	ケニア	223万5500ドル

資料：外務省

ODAの国民一人あたりの負担額（2015年）

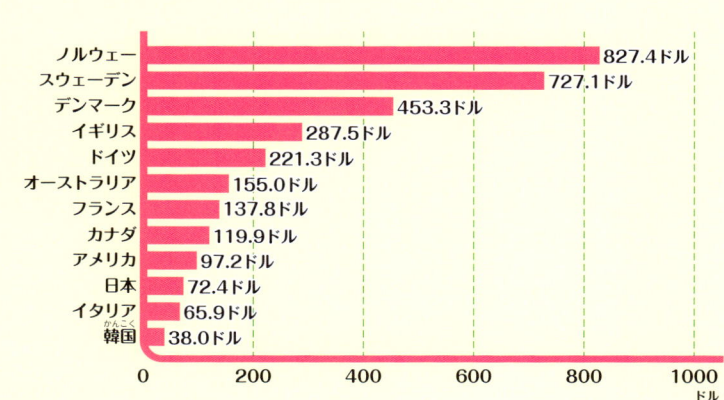

ノルウェー	827.4ドル
スウェーデン	727.1ドル
デンマーク	453.3ドル
イギリス	287.5ドル
ドイツ	221.3ドル
オーストラリア	155.0ドル
フランス	137.8ドル
カナダ	119.9ドル
アメリカ	97.2ドル
日本	72.4ドル
イタリア	65.9ドル
韓国	38.0ドル

資料：外務省

ノルウェーの人口は約500万人で、日本の20分の1以下なんだって！

ODAの支出が多いのは、経済が発展している先進国が中心だよ。

外務省　なんでもQ&A

これまでのページで学んだこと以外にも、外務省についてのいろいろな疑問をたずねてみましょう。

外務省は、いつ、どうやってできたの？

外務省は、1869年にできたよ。それ以前の江戸時代、日本は外国との交流を制限していたけど、明治時代になってその方針をとりやめた。だから、外国と話しあう専門の窓口が必要になったんだ。

海外旅行などに行くのに危険な場所もあるみたいだけど……。

外務省は、つね日ごろから外国の安全に関する情報を調べて、国や地域ごとの危険の度合いを判断し「海外安全情報」を出している。外務省のホームページでも見ることができるよ。

条約をやぶったり、国と国との関係が悪くなったらどうなるの？

あまりに関係が悪化すると、交流がなくなって、最悪の場合、戦争になってしまうことも考えられる。このようなことがおきないように、外国とは話しあいをつづけることが大事なんだ。

ぼくの住んでいる町に、外国の「姉妹都市」があるって聞いたけど、それってなに？

姉妹都市は、都道府県や市区町村が、特別に交流している外国の都市のことで、外務省も交流を支援しているよ。町どうしが仲よくすることは、国どうしのよい関係にもつながるね。

外務省の仕事

外務省のこと、もっと知りたいなら

外務省についてさらに深く知りたい人のために、外務省の仕事にかかわる本やホームページ、見学できる施設などを紹介します。

わからないことは、施設の人に問い合わせてみるのもいいね。

オススメの本

『日本の国際協力がわかる事典』

牧田東一／監修
PHP研究所

政府や外務省だけでなく、民間の団体や企業など、日本がおこなっているいろいろな国際協力について学べる本。

オススメのホームページ

キッズ外務省

http://www.mofa.go.jp/mofaj/kids
外務省の仕事や、世界の国ぐにについて解説。「キッズ外交官検定」を受けてみよう！

国連KIDS

http://www.unic.or.jp/kids
世界の平和と安全のために活動する国連のホームページ。
国連バーチャル・ツアーでは、国連のさまざまな機関や施設を調べられる。

オススメの施設

JICA地球ひろば

外務省がきめた国際協力の政策を、実際に現地でおこなっている国際協力機構（JICA）の展示スペース。

住所：東京都新宿区市谷本村町10-5（JICA市ヶ谷ビル内）

電話：03-3269-2911

JICAのとりくみを、さまざまな展示で紹介している。

外務省外交史料館

江戸時代末期から現在までの、日本外交に関するさまざまな記録を集め、展示している史料館。

住所：東京都港区麻布台1-5-3

電話：03-3585-4511

さくいん

監修 出雲 明子（いずも あきこ）

1976年、広島県生まれ。国際基督教大学大学院行政学研究科博士課程修了。博士（学術）。現在、東海大学政治経済学部准教授。専門は、行政学および公務員制度論。おもな著書に、『公務員制度改革と政治主導—戦後日本の政治任用制』（東海大学出版部）、『はじめての行政学』（共著、有斐閣）など。

キャラクターデザイン・イラスト　いとうみつる

編集・制作　株式会社アルバ
執筆協力　牧野俊夫
表紙・本文デザイン　ランドリーグラフィックス
DTP　スタジオポルト
写真協力　外務省、国連広報センター、法務省刑事局、
　　　　　　法務省保護局、ワールド・ビジョン・ジャパン、
　　　　　　JICA（国際協力機構）、アフロ、pixta

いちばんわかる！日本の省庁ナビ3
法務省・外務省

2018年4月　第1刷発行

【監　修】　出雲明子
【発行者】　長谷川 均
【編　集】　堀 創志郎
【発行所】　株式会社ポプラ社
　　　　　　〒160-8565　東京都新宿区大京町 22-1
　　　　　　電話：03-3357-2212（営業）03-3357-2635（編集）
　　　　　　振替：00140-3-149271
　　　　　　ホームページ　www.poplar.co.jp（ポプラ社）
【印刷・製本】　大日本印刷株式会社

ISBN 978-4-591-15727-5　N.D.C.317　55P　25cm　Printed in Japan

全**7**巻
監修／出雲明子

いちばんわかる！
日本の省庁ナビ

● 小学高学年以上　● 各 55 ページ　● セット N.D.C.317

● A4 変型判　● オールカラー　● 図書館用特別堅牢製本図書

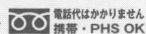

ナイカくん

内閣府

法

六法全書

ホームはか

法務省

ソームぴょん

総務省

こうろうママ

厚生労働省

経済産業省

ケイサンダー

農林水産省

ノースイじい